LA GLOIRE
DE
LA FRANCE

N° 6 — **Prix : 1 fr. 50**

ÉMILE-PAUL, LIBRAIRE
100, RUE DU FAUBOURG-SAINT-HONORÉ, PARIS

L'AGRICULTURE & LA GUERRE

De toutes nos industries nationales, c'est l'agriculture qui a le plus souffert de la guerre. La majeure partie de nos défenseurs sont des agriculteurs, et ces vaillants nous ont gardé le sol de France qu'ils ont malheureusement si libéralement arrosé de leur sang.

Au moment de la mobilisation, tous les travaux agricoles avaient été arrêtés, la moisson fut terminée par les vieillards et par les femmes et les enfants qui ont immédiatement compris leur rôle, et dans un élan magnifique contribuèrent à ce que notre sol ne restât pas improductif. Rien n'a semblé plus beau à tous ceux qui portent les armes que de voir à l'arrière et près des lignes des femmes intrépides diriger les attelages, peiner dans les sillons, et retourner les lourds brabants, tâche qui semblait au-dessus de leurs forces. Ce sont nos femmes campagnardes qui ont permis au pays de vivre pendant qu'il se réorganisait, et qui ont eu la volonté de continuer à produire ; elles ont bien mérité de la Patrie.

Nos soldats agriculteurs ont saisi avec empressement toutes occasions de se rendre utiles, et c'était admirable de les voir, dès leur arrivée dans un cantonnement de repos, se mettre à la disposition des vieux cultivateurs pour les aider à labourer, herser ou semer leurs champs, à couper les foins, à faire la moisson et les vendanges.

Grâce à l'organisation du Service agricole des armées, l'aide apportée par les militaires à l'agriculture au front a été extrêmement bienfaisante, et ce ne sont pas les terres les plus proches des lignes qui ont été les plus négligées pendant la guerre.

Peu à peu, l'idée qu'il fallait intensifier la production locale s'imposait aux chefs de notre armée, et c'est ainsi que naquirent les nombreux jardins militaires qui contribuent à maintenir nos troupes en bonne santé en leur fournissant en abondance des légumes frais, légumes qui leur faisaient totalement défaut dans certaines régions des Vosges, de Champagne et de la Meuse.

Ces jardins militaires du front sont au nombre de plus de 7.000, et leur production devient telle que des économies de tonnage considérables vont être faites au bénéfice de l'Intendance.

Dans beaucoup de cantonnements, on voit aujourd'hui des clapiers, des basses-cours et des porcheries. Certaines unités ont même pu réaliser des bénéfices considérables tout en améliorant notablement l'alimentation de leurs effectifs ; il serait désirable que cette organisation soit généralisée.

La création des jardins militaires, jardins devenus obligatoires, a été grandement facilitée par l'œuvre des Pépinières nationales. Cette œuvre du Touring-Club de France a permis le développement rapide des jardins militaires là où, au printemps ou à l'automne, les jardiniers chefs des cantonnements n'avaient pas eu le temps de préparer leur terre pendant la saison propice. Les Pépinières nationales de plants de légumes de Versailles constituent une grande usine qui a livré aux jardins militaires de la zone des armées déjà plus de 70 millions de plants. Ces plants arrivent soigneusement emballés dans les jardins militaires du front et économisent, pour la production, du travail et du temps ; trois ou quatre mois après leur réception, les légumes produits par ces plantations sont consommables.

Non seulement les Pépinières nationales ont produit des millions de plants, mais dès que cela a été possible, elles ont contribué à la remise en valeur des régions libérées en replantant des arbres fruitiers, particulièrement dans les régions de Roye, Nesle, Ham ; en 1917, plus de 10.000 arbres fruitiers avaient déjà été replantés par ses soins.

La création des jardins militaires que l'on trouve partout maintenant en France a conduit à intensifier la production sous toutes ses formes. Les jardins scolaires, qui ont été établis par des instituteurs et par des professeurs de lycées et de collèges, qui y ont mis toute leur ardeur, ont aussi donné des résultats intéressants, en ce sens qu'ils ont éveillé chez les enfants le goût de la terre. Les jardins potagers familiaux, les jardins potagers ouvriers et les jardins potagers coopératifs devraient être beaucoup plus abondants qu'ils ne le sont encore à l'heure actuelle. Il n'est pas inutile de dire à ce sujet que les Américains nous montrent l'exemple, ils ont déjà pu recenser aux Etats-Unis 6.500.000 jardins familiaux établis depuis le début de la guerre.

Dans tous ces jardins, multiples points de production qui économisent les transports et font baisser les prix locaux des légumes, pourront être utilisés nos malheureux soldats qui ont été mutilés, blessés aux bras ou aux jambes, mais qui ont été rééduqués et munis de dispositifs spéciaux leur permettant de se servir d'outils aratoires. De très belles expériences d'application ont déjà été faites dans les cultures et la production agricole récupérera ainsi une main-d'œuvre des plus intéressante.

En 1917, au cours de leur repli dans la Somme, les Boches se sont révélés les dignes successeurs des Vandales, leurs ancêtres. C'est méthodiquement qu'ils ont pillé les maisons, qu'ils ont incendié, qu'ils ont systématiquement détruit les arbres fruitiers et les arbres d'alignement, et ces spectacles horribles arrachaient des larmes à nos poilus qui reprenaient possession des régions dévastées. Le gouvernement s'est immédiatement préoccupé de remettre en valeur ces malheureux pays, et c'est l'agriculture sous toutes ses formes qui a représenté le premier effort gouvernemental.

Les zones récupérées ont produit déjà en 1917 des quantités importantes de blé, d'avoine, d'orge et de fourrages. Des jardins potagers nombreux y avaient été réinstallés et l'œuvre des Pépinières nationales avait donné l'exemple pour ce qui concerne la reconstitution fruitière ; malheureusement, la nouvelle vague ennemie de 1918 a balayé à nouveau tout ce qui avait été tenté et heureusement réalisé. Nous sommes redevenus les maîtres et nous ne pouvons que constater l'augmentation des dévastations, là où il restait encore quelque chose d'utilisable. C'est ainsi que les magnifiques efforts du Comité américain pour les régions dévastées, et particulièrement dans la région de Blérancourt, ont été annihilés, mais le bien qui a été fait par les œuvres, par l'armée, au point de vue de la réorganisation de la vie dans les régions libérées, a laissé des traces durables vis-à-vis de ceux de nos malheureux compatriotes qui ont été aidés ; c'est une preuve de solidarité dans le malheur qui a touché ceux qui en ont été l'objet, infiniment plus que tout discours ou toute promesse. La nécessité, c'est de réaliser, et quand on se trouve en présence de populations aussi malheureuses et qui ont subi le joug ennemi, il n'est pas permis de temporiser même si les tentatives de reconstitution semblent prématurées.

Notre pays traverse une crise de production grave, notre récolte de blé de 1918 a été excellente, mais cependant insuffisante pour nourrir notre population, toutes nos autres récoltes sont malheureusement encore plus déficitaires, sans l'appoint de nos colonies africaines, de notre Algérie, de notre Tunisie, de notre Maroc, nous serions réduits à une alimentation précaire. Il faut donc mettre en évidence les efforts agricoles qui ont été faits principalement sous l'autorité éclairée du général Lyautey, et penser que, sans le Maroc, pour ne citer qu'un fait entre mille, nos avions qui utilisent des milliers de tonnes d'huile de ricin ne pourraient plus voler, sans nos cultures de ricin au pays du soleil. La nécessité de nos productions coloniales s'est ainsi affirmée pendant la période difficile, de la manière la plus éclatante.

Georges Truffaut.

WOMAN ON THE LAND **LES FEMMES AUX CHAMPS** ЖЕНЩИНЫ НА ПОЛЕВЫХЪ РАБОТАХЪ
KVINDERNE PAA LANDET   DE VROUWEN OP HET LAND   KVINNORNA PÅ LANDET   DIE FRAU IN DER LANDWIRTSCHAFT

Dès les premiers jours de la guerre les femmes se sont mises bravement à la besogne, remplaçant les hommes aux plus rudes travaux. — From the very earliest days of the war, our women set to work bravely to the places of the men in the fields — Съ первыхъ дней войны женщины бодро принялись за работу, замѣняя мужчинъ въ самыхъ тяжелыхъ трудахъ. — Lige fra de første Krigsdage har Kvinderne taget fat paa Arbejdet, erstattet Mændene i de haardeste Arbejder — Van af de eerste dagen van den oorlog hebben de vrouwen dapper het werk ter hand genomen en in plaats van de mannen de zwaarste taak aanvaard — Alltsedan de första krigsdagarna ha kvinnorna modigt tagit itu med arbetet, ersättande männen vid de svåraste arbeten — Von den ersten Tagen des Krieges an haben sich die Frauen wacker an's Werk gemacht und haben die Männer in den schwersten Arbeiten ersetzt.

WOMAN ON THE LAND **LES FEMMES AUX CHAMPS** ЖЕНЩИНЫ НА ПОЛЕВЫХЪ РАБОТАХЪ
KVINDERNE PAA LANDET DE VROUWEN OP HET LAND KVINNORNA PA LANDET DIE FRAU IN DER LANDWIRTSCHAFT

1. La récolte des pommes de terre — Potatos gathering — Уборка картофеля — Kartoffel Høsten — De oogst der aardappelen — Potatisskörden — Kartoffel-Ernte. **2.** L'entretien des vignes — Vine dressing — Уходъ за виноградомъ — Vedligeholdelsen af Vinranken — Het onderhoud der wynbergen — Vingårdens skötsel — Rebarbeiten.

THE TRAIL OF THE HUNS   APRÈS LE PASSAGE DES ALLEMANDS   ПОСЛѢ УХОДА ГЕРМАНЦЕВЪ
EFTER TYSKERNES PASSAGE   WAAR DE DUITSCHERS ZYN GEWEEST   EFTER TYSKARNAS FRAMFART   NACH DEM DURCHMARSCH DER DEUTSCHEN

Partout où ils sont passés, les Allemands n'ont laissé que ruines; ils se sont attaqués aux fermes comme aux usines, voulant détruire, dans l'agriculture comme dans l'industrie, deux des principales sources de richesse de la France — Wherever the Huns have set their feet, they have left nothing but ruins. Neither farms nor factories have been spared in their endeavour to destroy in France the two main sources of wealth, Agriculture and Industry — Нѣмцы, уходя, оставляютъ вездѣ за собой развалины. Уничтожая фермы и фабрики, они хотятъ разрушить земледѣліе и промышленность, эти два источника богатства Франціи — Alle Steder hvor Tyskerne har været efterlader de Ruiner; de har hævnet sig paa Bondegaarden og paa Fabrikkerne, idet de vilde ødelægge Agerbruget og Industriet, de to vigtigste Kilder til Fran- krigs Rigdom — Overal waar zy zyn geweest, hebben de Duitschers slechts puinhoopen nagelaten; zy hadden het zoowel op de boerderyen als op de fabrieken gemunt, met het streven in den landbouw en in de industrie twee der voornaamste bronnen van den rykdom van Frankryk te vernietigen — Var hälst de ha farit, ha Tyskarna inte lämnat annat än ruiner efter sig, de ha anfallit gårdar så väl som fabriker, i det de vilja förstöra både jordbruket och industriet, två av Frankrikes rikedoms huvudkällor — Überall wo die Deutschen durchgegangen sind, haben sie nichts als Ruinen gelassen; sie haben Bauernhöfe und Fabriken verheert, um in der Landwirtschaft, wie in der Industrie, zwei Hauptquellen den Richtums Frankreichs zu vernichten.

THE TRAIL OF THE HUNS   **APRÈS LE PASSAGE DES ALLEMANDS**   ПОСЛѢ УХОДА ГЕРМАНЦЕВЪ
EFTER TYSKERNES PASSAGE   WAAR DE DUITSCHERS ZYN GEWEEST   EFTER TYSKARNAS FRAMFART   NACH DEM DURCHMARSCH DER DEUTSCHEN

1. Verger saccagé — A devastated orchard — Разграбленный фруктовый садъ — Ødelagt Frugthave — Een verwoeste boomgaard — En plundrad fruktträdgård — Verwüsteter Obstgarten. — 2. Instruments agricoles détruits — Agricultural implements destroyed — Уничтоженныя земледѣльческія орудія — Ødelagt Agerbrugs Redskaber — Vernielde landbouwgereedschappen — Förstörda åkerbruksredskap — Zerschlagene Ackerbaugeräte.

THE SOLDIER ON THE LAND **LES SOLDATS AUX CHAMPS** СОЛДАТЫ НА ПОЛЕВЫХЪ РАБОТАХЪ
SOLDATERNE I MARKEN DE SOLDATEN OP HET LAND SOLDATERNA PÅ LANDET DIE SOLDATEN IN DER LANDWIRTSCHAFT

Pendant leurs courts instants de loisirs, les soldats au front retrouvent avec plaisir la charrue, la herse ou la faux et défrichent, labourent, ensemencent avec entrain la bonne terre qu'ils ont défendue avec héroïsme — During their brief moments of leisure our men at the front are delighted to take once more the harrow, the plough or the scythe. They are to be seen clearing, ploughing and sowing the rich lands they have so heroically defended — По время краткаго отдыха, солдаты передовыхъ линій берутся съ удовольствіемъ за соху, борону или косу, и они разработываютъ, пахаютъ, обсѣваютъ хорошую землю, которую они съ храбростью оборонили — I den korte Hviletid, tager Soldaterne fra Fronten med Glæde fat paa Ploven, Harven, eller Leen, og graver og pløjer med Glæde Jorden de har forsvaret med Tapperhed — Gedurende hunne spaarzame ledige oogenblikken, nemen de soldaten aan het front met vreugde den ploeg, de egge of de zeis ter hand, en ontginnen, bebouwen en bezaaien met lust den lieven grond dien zy met heldenmoed verdedigd hebben — Soldaterna vid fronten, under sina korta fritimmar, återfinna med nöje plogen, harven eller lien och nyodla, plöja, beså med iver den goda jorden som de försvarat med hjältemod — In ihren kurzen Musestunden auf der Front nehmen die Soldaten freudig den Pflug, die Egge oder die Sense in die Hand, pflügen, bearbeiten, bestellen munter die gute Erde, die sie heldenhaft verteidigt haben.

THE SOLDIER ON THE LAND   LES SOLDATS AUX CHAMPS   СОЛДАТЫ НА ПОЛЕВЫХЪ РАБОТАХЪ
SOLDATERNE I MARKEN   DE SOLADTEN OP HET LAND   SOLDATERNA PÅ LANDET   DIE SOLDATEN IN DER LANDWIRTSCHAFT

1. La Moisson — Harvesting — Жатва — Høsten — De maaityd — Skörden — хлѣба — Korntærskning — Het dorschen van het koren — Tröskningen — Die Getreide-Ernte. — 2. Le battage des blés — Thrashing — Молотьба — Der Getreide-Drusch.

KITCHEN GARDENS AT THE FRONT   **LES JARDINS POTAGERS DU FRONT**   ОГОРОДЫ НА ФРОНТѢ
KØKKENHAVERNE VED FRONTEN   DE GROENTETUINEN VAN HET FRONT   KÖKSTRÄDGÅRD VID FRONTEN   DIE GEMÜSEGÄRTEN AUF DER FRONT

Au cantonnement les soldats emploient le plus petit lopin de terre à la culture des légumes qui viendront améliorer l'ordinaire et y apporter une note imprévue qui est toujours la bienvenue — In their cantonments, our men turn to account the smallest patch of ground for the cultivation of vegetables, these affording a wholesome and highly appreciated change of diet — На квартированіи, солдаты пользуются малѣйшимъ кускомъ земли, чтобы получить зелень, которая улучшитъ обыкновенную пищу, внеся въ ихъ жизнь ноту, всегда желанную, неожиданности — Naar Soldaterne er i Kantonnementerne benytter de Jorden til at plante Gemüser, som altid er velkomme, og giver Maaltidet en god Afvexling — In het kantonnement gebruiken de soldaten het kleinste lapje grond voor het teelen van groenten om de menage te verbeteren en daarby een lekkere verrassing te bezorgen die altyd welkom is — Soldaterna i kantoneringskvarteret begagna det minsta stycke jord till att odla grönsaker, som komma att förbättra den dagliga kosten och medföra en oväntad en alltid välkommen omväxling i matsedeln — In den Ruhequartieren benutzen die Soldaten die kleinsten Streifen Land zur Züchtung von Gemüse, dieses verstärkt die vorschriftsmässige Mahlzeit und bietet stets eine willkommene Überraschung.

MILITARY FARM-YARDS **LES BASSES-COURS MILITAIRES** ВОЕННЫЕ ПТИЧЬИ ДВОРЫ
MILITÆRENES HØNSEGAARDE DE FOKKERYEN DER SOLDATEN MILITÄRA HÖNSGÅRDAR DIE MILITÄRISCHEN HÜHNERHÖFE

A côté des jardins il n'est pas rare de voir des basses-cours où les poilus élèvent porcs, poules, canards et lapins qui seront les bienvenus après les innombrables boîtes de conserves qui sont l'ordinaire du soldat — Beside their gardens, our *poilus* keep farm-yards in which they rear a number of pigs, ducks, intented to relieve the monotony of the tinned food served out as campaigning rations — Около огородовъ, на квартированіи, нерѣдко видѣть и птичьи дворы, гдѣ солдаты, во время отдыха, занимаются разведеніемъ свиней, куръ, утокъ, и кроликовъ которыми они съ удовольствіемъ питаются вмѣсто консервовъ, обыкновенной походной пищи солдата — Man ser ofte, ved Køkkenhaverne, Hønsegaarde, hvor Poiluen opdrager Svin, Høns, som senere bliver vel modtaget efter de Konservedaaser der ellers er Soldatens almindlige Ret — Niet zelden ziet men naast de groentetuinen afgeschoten stukjes grond waar de poilus varkens, kippen, fokken, die later met vreugde worden begroet na de talloze blikken ingemaakt eten waaruit de menage van den soldaat bestaat — Neben den Gemüse-Gärten sieht man Hühnerhöfe in denen die Soldaten Schweine, Hühner, züchten, deren Fleisch ein willkommener Leckerbissen darstellt nach den Konservenbüchsen, die der Soldat vorschriftsmässig erhält.

IN TOWNS AND VILLAGES   **A LA VILLE ET AU VILLAGE**   ВЪ ГОРОДѢ И ВЪ ДЕРЕВНѢ
I BYEN OG I LANDSBYEN   IN DE STAD EN IN HET DORP   STADEN OCH PÅ LANDET   IN STADT UND DORF

A Paris, des jardins ont été créés sur les terrains voisins des fortifications; dans les villages et dans les bourgs les enfants des écoles ont été habitués à s'intéresser à la culture — In Paris, vegetable gardens have been laid out in areas adjoining the fortifications; in villages and country towns, schoolchildren have been taught to take an interest in gardening — Въ Парижѣ, созданы были огороды около фортификацій; въ деревняхъ и маленькихъ городокъ школьниковъ пріучаютъ интересоваться полевыми работами -- Haver er kommet frem i Paris nærved Byens Volde; i Landsbyer og Sogne har man opdraget Skolebørnene til at interessere sig i Agerbruget — Te Parys zyn tuinen aangelegd op de terreinen by de fortificaties; in de dorpen en in de gehuchten zyn de kinderen eraan gewend in den landbouw belang te stellen — I Paris har man inrättat trädgårdar i närheten av fästningsverket; i byarna och köpingarna ha skolbarnen blivit vanda att intressera sig för jordbruket — In Paris wurden auf den Festungsgeländen Gärten geschaffen; in den Dörfern und Flecken sind die Schulkinder zur Bestellung der Felder herangezogen worden.

131

THE DISABLED SOLDIER AT WORK **LES MUTILÉS AU TRAVAIL** УВѢЧНЫЕ ЗА РАБОТОЙ
DE LEMLÆSTEDE VED ARBEJDET   DE OORLOGSVERMINKTEN AAN HET WERK   DE STYMPADE VID ARBETET   DIE VERSTÜMMELTEN AN DER ARBEIT

De tous côtés les efforts, tant privés que publics, se sont portés sur les moyens de favoriser le retour des mutilés à la terre. Munis d'appareils spéciaux et perfectionnés qui leur permettent les gestes habituels aux travailleurs des champs, les mutilés, heureux de l'activité enfin retrouvée et à laquelle ils n'osaient plus prétendre, reprennent goût à la vie — Both individual and public efforts have been made throughout France to encourage disabled soldiers to go back to the land. Special, up-to-date appliances enable them to perform all the habitual movements required of field labourers, and in their joy at recovering an activity they no longer dared to hope for our maimed heroes once more taste the sweetness of life — Вездѣ частныя лица и общественные круги стараются помогать увѣчнымъ вернуться къ землѣ. Снабженные спеціальными и усовершенствованными аппаратами, благодаря которымъ они могутъ дѣлать движенія полевыхъ работниковъ, увѣчные, счастливы приняться снова за работу о которой они даже больше и не мечтали, находятъ снова вкусъ къ жизни — Fra alle Sider saavel fra offentlig, som fra privat, har man gjordt alt for at de Lemlæstede kunde gentage Arbejdet ved Jorden. Med specielle perfektionerede Apparater, som giver dem de nødvendige Bevægelser for Markarbejdere, er de Lemlæstede nu glade at kunde deltage igjen i Livet og være nyttige — Van alle zyden, zoowel door partikulieren als van Staatswege, zyn pogingen in het werk

THE DISABLED SOLDIER AT WORK   **LES MUTILÉS AU TRAVAIL**   УВѢЧНЫЕ ЗА РАБОТОЙ
DE LEMLÆSTEDE VED ARBEJDET   DE OORLOGSVERMINKTEN AAN HET WERK   DE STYMPADE VID ARBETET DIE   VERSTÜMMELTEN AN DER ARBEIT

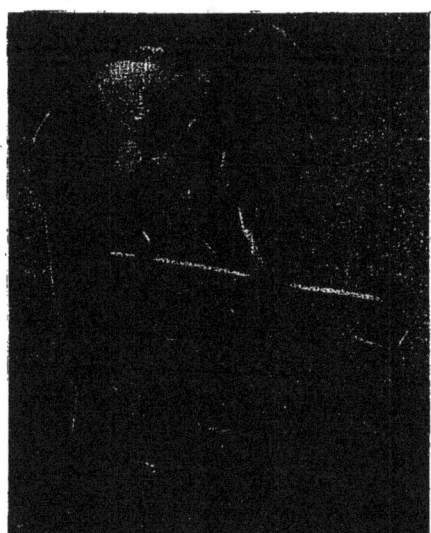

gesteld om te bevorderen dat de oorlogsverminkten aen landarbeid weer ter hand namen. Voorzien van voortreffelyke speciale toestellen, waarmee zy de gebruikelyke handgrepen der landarbeiders kunnen uitvoeren, verheugen zich die verminkten dat zy, na lang eraan gewanhoopt te hebben, weer nuttig werkzaam kunnen zyn en krygen op nieuw lust in het leven — Från alla håll ha både offentliga och privata ansträngningar gjorts för att finna utvägar att gynna de stympades återkomst till landet och jordbruket. Försedda med speciella, målsenliga apparater som sätta dem i stånd till att utföra jordarbetarnas vanliga rörelser, de stympade, lyckliga över att hava omsider återfått sin verksamhetsförmåga, som de inte vågade hoppas på,

få ånyo smak ör livet — Privatleute wie Behörden sind allgemein bestrebt, den Verstümmelten die Wiederaufnahme der landwirtschaftlichen Arbeiten zu erleichtern. Sie werden mit besondern und stets verbesserten Apparaten ausgestattet, die ihnen die zur Feldarbeit erforderlichen Gliedbewegungen ermöglichen. Die Verstümmelten sind glücklich, ihrer früheren Arbeit wieder obliegen zu können, sie wagten dies kaum zu hoffen und haben desshalb eine neue Freude am Leben gewonnen.

THE HELPING HAND OF AMERICA — L'AIDE AMÉRICAINE — ПОМОЩЬ АМЕРИКАНЦЕВЪ
DEN AMERIKANSKE HJÆLP — DE AMERIKAANSCHE HULP — AMERIKANERNAS HJÄLP — DIE AMERIKANISCHE HILFE

Les Américains qui ont secouru toutes les infortunes de la guerre ne pouvaient rester indifférents à la détresse de l'agriculture. Miss Morgan a donc fondé une œuvre qui fournit aux paysans de quoi recommencer leur vie; plusieurs fois M. F. David, ministre de l'Agriculture, rendit visite à l'œuvre et lui porta les encouragements du gouvernement — The Americans, who have assisted in relieving every form of distress caused by the war, could not but view with concern the pitiful plight of our agriculturists wherefore miss Morgan has established a Fund for the purpose of providing the peasantry with the means of starting life anew. Monsieur F. David, minister of Agriculture, has on several occasions honoured the Institution with a visit on behalf of the Government — Американцы, которые оказали помощь во всѣхъ бѣдствіяхъ войны, не могли остаться равнодушными къ бѣдственному состоянію земледѣлія. Миссъ Морганъ основала общество, которое помогаетъ крестьянамъ снова устроить себѣ жизнь; нѣсколько разъ Г. Ф. Давидъ, Министръ Земледѣлія, посѣщалъ общество, одобряя дѣло отъ имени Правительства — Miss Morgan har stiftet et Hjælpekomite, som tillader Bønderne at begynde et nyt Liv. Agerbrugsministeren M. David har interesseret sig i Sagen, og bragt Regeringens Tak — Miss Morgan heeft een instelling gesticht die aan de boeren verschaft wat zy noodig hebben om hun bedryf weer te beginnen. Meermalen heeft de heer F. David, minister van den Landbouw, die instelling bezocht en haar namens de Regeering aangemoedigd — Amerikanerna, som har bidragit till att lindra alla krigets olyckor, kunde inte vara likgiltiga för jordbrukets stora nöd. Derför har miss Morgan stiftat en fond som skaffar bönderna vad som behöves för att börja sitt liv igen. Jordbruksministern M.F. David har besökt flera gånger denna välgörenhetstiftelse och intygat att den kan påräkna regeringens sympati och understöd — Miss Morgan hat demgemäss ein Werk geschaffen, das den Landwirten die Mittel bietet, ihren früheren Beruf wieder aufzunehmen. Zu wiederholten Malen hat der Ackerbauminister H.F. David die Anlagen besichtigt und so neue Anregungen in deren Betrieb gelegt.

| THE HELPING HAND OF AMERICA | L'AIDE AMÉRICAINE | ПОМОЩЬ АМЕРИКАНЦЕВЪ |
| DEN AMERIKANSKE HJÆLP | DE AMERIKAANSCHE HULP | AMERIKANERNAS HJÄLP | DIE AMERIKANISCHEH ILFE |

iss Holt s'est occupée plus spécialement des aveugles à qui elle a donné oût de la vie et la confiance en eux-mêmes en leur permettant de s'occuper ement des travaux de la terre — Miss Holt has ministered more especially ie blind, to whom she has restored their pleasure in life and their self-idence by enabling them to take an active part in field work — Миссъ ъ занималась спеціально слѣпыми; она имъ даетъ вкусъ къ жизни и увѣренность, позволяя имъ заниматься дѣятельно полевыми работами — Miss har speciælt taget sig af de blinde, hun har givet dem Tro og Haab .ivet, og har faaet dem til at deltage med Iver i Jordarbejdet — Miss

Holt heeft zich in het byzonder met de blinden bezig gehouden, aan wie zy de lust in het leven en het vertrouwen op zichzelven heeft weer gegeven door hen in staat te stellen zich vlytig met landbouwwork bezig te houden — Miss Holt har särskildt tagit sig an de blinda, hon har givit dem hoppet, lusten till livet och självförtröstan, i det de fick tillfället att sysselsätta sig med jordarbeten — Miss Holt befasst sich besonders mit den Blinden. Sie ermöglicht ihnen, sich mit Feldarbeiten zu beschäftigen und gibt ihnen so die rechte Lebensfreude und das Selbstvertrauen wieder.

AGRICULTURE IN MOROCCO   **L'AGRICULTURE AU MAROC**   ЗЕМЛЕДѢЛІЕ ВЪ МАРОККѢ
AGERBRUGET I MAROCCO   DE LANDBOUW IN MAROKKO   JORDBRUKET I MAROCKO   DIE LANDWIRTSCHAFT IN MAROKKO

Le Maroc, depuis le début de la guerre, a apporté à la France, sous les formes les plus diverses et les plus utiles, une aide constante et efficace, aussi bien au point de vue militaire qu'au point de vue économique.

Est-il besoin de rappeler le souvenir de la division marocaine ? Ce corps d'élite, admirablement entraîné, a attesté son héroïsme, ses qualités de discipline et d'endurance en maintes actions, à Douaumont notamment et peut, à bon droit, s'enorgueillir de la fourragère rouge qu'il a conquise sur les champs de bataille illustrés par son courage.

Au cours de cette longue lutte, le Maroc

économique nous aura été également précieux en nous procurant d'abondantes ressources et en attestant, de la manière la plus péremptoire, la vitalité industrielle et commerciale de la France, malgré le redoutable effort qui lui incombe.

C'est au Maroc, en effet, que fut organisée la foire de Rabat. Tant par le nombre des exposants qui y coopérèrent que par le chiffre des affaires traitées, elle eut un plein succès et montra éloquemment avec quelle promptitude la France saurait reprendre sa place au lendemain de la guerre.

Mais l'apport du Maroc en céréales et en bétail fait de cette colonie un domaine essentiellement précieux

1. Presse à comprimer le fourrage — Pressing the hay — Прессъ для выжимки фуража — Presse til Fodringstof — Pers voor het veevoeder — En foderpress — Butterpresse. — **2.** La moisson — Harvesting — Жатва — Høsten — Oogsttyd — Skörden — Getreide-Ernte. — **3.** Indigènes vendant leur blé à l'Intendance française — Natives selling corn to the French commissariat — Туземцы продаютъ хлѣбъ французскому Интендантству — Indbyggerne sælger Korn til den franske Intendantur — Inboorlingen die hun koren aan de fransche Intendance verkoopen — Infödingar säljande sitt spanmål till den franska Intendanturen — Eingeborene verkaufen ihr Getreide an die französische Intendantur.

MOROCCO CONTRIBUTES TO THE FOOD SUPPLY OF FRANCE **LE MAROC** МАРОККО СНАБЖАЕТЪ ПРОВІАНТОМЪ ФРАНЦІЮ
MAROCCO GIVER FRANKRIG FØDEVARER **RAVITAILLE LA FRANCE** MAROKKO VOORZIET FRANKRYK VAN LEVENSMIDDELEN
MAROCKO FÖRSER FRANKRIKE MED PROVIANT MAROKKO ALS SPEISEKAMMER FRANKREICHS

qu'il nous faut défendre et conserver à tout prix.

Dès maintenant, l'exploitation agricole y est organisée avec les méthodes les plus récentes et les plus pratiques capables d'assurer le rendement maximum du terrain. Non seulement nos colons ont installé des fermes modèles et ont obtenu les meilleurs résultats de leurs diverses tentatives, mais encore les indigènes eux-mêmes acceptent, avec une intelligente docilité, les indications fournies et peuvent en vérifier les heureuses conséquences. D'immenses territoires sont et continuent à être défrichés. Semeuses, moissonneuses, faucheuses-lieuses, charrues automobiles, machines américaines et françaises

sans cesse perfectionnées et améliorées, sont couramment employées. Par tonnes et par centaines de milliers de tonnes, le blé arrive aux centres d'achat et est dirigé vers la France. De même les troupeaux sont innombrables. Bœufs, vaches, moutons, porcs, nous parviennent d'une façon régulière et continue, en très grandes quantités, et nous procurent de larges approvisionnements que l'Allemagne nous envie.

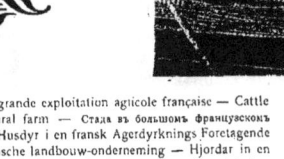

1-2. Troupeaux dans une grande exploitation agricole française — Cattle on a large French agricultural farm — Стада въ большомъ французскомъ сельскомъ хозяйствѣ — Flok Husdyr i en fransk Agerdyrknings Foretagende — Kudden in een groote fransche landbouw-onderneming — Hjordar in en stor fransk landtegendom — Viehherden in einem grossen französischen Ackerbaubetrieb. — **3.** Embarquement du blé pour la France — Shipping corn to France — Нагрузка хлѣба для Франціи — Indskibning af Korn til Frankrig — Inladen van koren voor Frankryk — Spannmål inskeppas till Frankrike — Verladung von Getreide nach Frankreich.

AGRICULTURE IN MOROCCO — **LE MAROC AGRICOLE** — ЗЕМЛЕДѢЛІЕ ВЪ МАРОККО
A ERDYRKNING I MAROCCO — DE LANDBOUW IN MAROKKO — JORDBRUKET I MAROCKO — DIE LANDWIRTSCHAFT IN MAROKKO

1. Un jardin potager militaire — A military kitchen garden — Военный огородъ — En militær Køkkenhave — Een militaire groentetuin — En militär köksträdgård — Ein militärischer Gemüsegarten. — 2. Dans une ferme française — On a French farm — Во французской фермѣ — I en fransk Bondegaard — In een fransche boerdery — I en fransk landtgård — In einem französischen Bauernhof.

JULY 14th IN PARIS — LE 14 JUILLET A PARIS
DEN 14 JULI I PARIS — DE 14e JULI TE PARYS — DEN 14de JULI I PARIS — 14-e ІЮЛЯ ВЪ ПАРИЖѢ — DER 14 JULI IN PARIS

Le défilé des troupes alliées dans les rues de Paris a soulevé un enthousiasme émouvant qui a dépassé celui provoqué par les fêtes des années précédentes — The Allied troops marching along the streets were greeted with an inspiring enthusiasm, exceeding that of former years — Парадъ союзныхъ войскъ на улицахъ Парижа возбудилъ трогательный восторгъ, превосходя успѣхъ праздниковъ прошлыхъ годовъ — Defileringen af de Allieredes Tropper i Paris Gader gav Anledning til højtidelig Begejstring, med mere Stemning end ved Festerne i de forhenværende Aar — Het defilee der Geallieerde troepen door de straten van Parys heeft een aandoenlyk enthousiasme verwekt waardoor dat van de feesten der vorige jaren is overtroffen — De allierade truppernas defilering på Paris gator har uppväkt en förande hänförelse, större än vid någon av de föregående nationalfesterna — Der Vorbeimarsch der verbündeten Truppen in den Strassen von Paris hat eine freudige Begeisterung hervorgerufen, die diejenige der Feste aus früheren Jahren übertraf.

JULY 14th IN PARIS   LE 14 JUILLET A PARIS   14-е ІЮЛЯ ВЪ ПАРИЖѢ
DEN 14 JULI I PARIS   DE 14e JULI TE PARYS   DEN 14de JULI I PARIS   DER 14. JULI IN PARIS

1. Les troupes italiennes défilant à Paris le 14 juillet — Italian troops in the procession of July 14th — Итальянскія войска на улицахъ Парижа 14-ое іюля — De italienske Tropper defilerer i Paris den 14 Juli — De Italiaansche troepen defileeren door Parys op 14 Juli — De italienska trupperna tåga genom Paris gator den 14de Juli — Vorbeimarsch der italienischen Truppen am 14 Juli. — 2. La foule souscrivant aux bons de la Défense nationale le 14 juillet place de la Concorde — The crowd investing in war Loan Bonds, July 14th, in the Place de la Concorde — Толпа подписчиковъ на боны національной Обороны, 14-е іюля, Пласъ де ля Конкордъ (Площадь Согласія) — Masser af Mennesker tager nationale Forsvars Aktier den 14 Juli paa Concordepladsen — De menigte die den 14en Juli op de Place de la Concorde op de Bons voor de Nationale Verdediging inschryft — Folkmassan tecknar skatkammarsedlar « bons de la défense nationale » den 14de Juli på Concordeplatsen — Die Menge, die am 14. Juli auf der Place de la Concorde Gutscheine der Défense Nationale zeichnet.

THE FRENCH « LICE OF LICES » L'AS DES AS FRANÇAIS ФРАНЦУЗСКІЙ „ТУЗЪ ТУЗОВЪ"
DEN FRANSKE FLYVEHELT DE FRANSCHE « AS DES AS » EN FRANSK MÄSTERFLYGARE DER ERSTE DER FRANZÖSISCHEN FLIEGERHELDEN

1. Le lieutenant Fonck, porte-drapeau de l'aviation, et le capitaine Battle, porte-drapeau de l'aéronautique — Lieutenant Fonck bearing the Aviation flag and captain Battle the flag of the Air Service — Поручикъ Фонкъ со знаменемъ авіаціи и Капитанъ Баттлъ со знаменемъ воздухоплавательства — Løjtnant Fonck Fanebærer for Aviationen og Kaptein Batt'e, Fanebærer for Aeronauterne – Luitenant Fonck, vaandeldrager van de Aviatie en kapitein Battle, vaandeldrager van de Aëronautiek — Löjtnant Fonck, flygvapnets fanbärare, och kapten Battle, luftseglingsavdelningens fanbärare — Leutnant Fonck, der Fähnrich der Fliegertruppen und Hauptmann Battle, der Fähnrich der Luftschifffahrt.

— **2.** Le lieutenant Fonck qui a abattu 60 avions ennemis — Lieutenant Fonck, who has brought down 60 enemy machines, practising rifle shooting — Поручикъ Фонкъ, который уничтожилъ 60 непріятельскихъ аэроплановъ, упражняется въ стрѣльбѣ изъ карабина — Løjtnant Fonck som har slaaet 60 fjendtlige Flyvemaskiner ned — Luitenant Fonck, die 60 vyandelyke avions heeft verslagen — Löjtnant Fonck, som har nedskjutit 60 fiendtliga flygmaskiner — Leutnant Fonck, der 60 feindliche Flugzeuge abgeschossen hat.

141

| NEAR CHATEAU-THIERRY | **PRÈS DE CHATEAU-THIERRY** | ОКОЛО ШАТО ТІЕРИ |
| I NÆRHEDEN AF CHATEAU-THIERRY | BY CHATEAU-THIERRY | NÄRA CHATEAU-THIERRY | BEI CHATEAU-THIERRY |

1. Nouveaux tanks français revenant de l'attaque — New French tanks returning from the attack — Новые французскіе танки возвращаются съ атаки — Nye franske Tanks kommer tilbage efter Slaget — Nieuwe fransche tanks van den aanval terugkeerend — Nya franska stormvagnar (« tanks ») komma tillbaka från anfallet — Neue französische Sturmwagen kehren aus der Angriffs-Schlacht zurück. — **2.** Fantassins français attendant l'ennemi dans un chemin creux — French infantry awaiting the enemy in a sunken road — Французская пѣхота ждетъ непріятеля скрываясь въ глубокой дорогѣ — Fransk Infanteri venter paa Fjenden ved en Hulvej — Fransche infanteristen in een hollen weg op den vyand wachtend — Franska infanterister väntande på fienden i en hålväg — Französische Infanteristen erwarten den Feind in einem Hohlweg.

ON THE WAY TO BATTLE VERS LA BATAILLE КЪ БОЮ
VED BATALJEN   OP WEG NAAR DEN SLAG   PÅ VÄG TILL SLAGFÄLTET   IN ERWARTUNG DER SCHLACHT

1. Régiment de cavalerie gagnant les lignes — A regiment of cavalry on their way to the lines — Кавалерійскій полкъ отправляется въ линіямъ — Kavalleri Regiment tager afsted til Linjerne — Een cavalerie-regiment dat de linies gaat betrekken — Ett kavalleriregemente rider till slaglinien — Ein Kavallerie-Regiment rückt in die Linien vor. — 2. Artillerie de la Division Marocaine allant prendre position — Guns of the Moroccan Division proceeding to take up their positions — Артиллерія марокканской дивизіи въ пути къ позиціямъ — Artilleri fra den marokanske Division paa Vej til Positionen — De artillerie der marokkaansche divisie op weg naar hare stellingen — Den marockanska divisionens artilleriet på väg till sina ställningar — Artillerie aus der marokkanischen Division auf dem Wege zu ihren Stellungen.

AFTER THE BATTLE   APRÈS LA BATAILLE   ПОСЛѢ БИТВЫ
EFTER SLAGET   NA DEN SLAG   EFTER SLAGET   NACH DER SCHLACHT

1. Une partie de manille — A game at Cards — Игра въ карты — Kortspillere — Een partytje kaart — Ett parti kort (« la manille ») — Eine Kartenpartie — **2.** Un frugal repas — A frugal meal — Скромный обѣдъ — Et nøjsomt Maaltid — Een sober maal — En sparsam maltid — Ein Imbiss.

G. de Malherbe et Cⁱᵉ
Imprimeurs.

www.ingramcontent.com/pod-product-compliance
Lightning Source LLC
Chambersburg PA
CBHW060628050426
42451CB00012B/2489